Todos los libros de Linkgua Ediciones cuentan con modelos de Inteligencia Artificial entrenados por hispanistas. Pregúntale al chat de tu libro lo que desees acerca de la obra o su autor/a.

Para ebooks: Accede a nuestro modelo de IA a través de este enlace.

Para libros impresos: Escanea el código QR de la portada con tu dispositivo móvil.

Obtén análisis detallados de nuestros libros, resúmenes, respuestas a tus preguntas y accede a nuestras ediciones críticas generativas para una experiencia de lectura más enriquecedora.
La transparencia y el respeto hacia la autoría de las fuentes utilizadas son distintivos básicos de nuestro proyecto. Por ello, las respuestas ofrecen, mediante un sistema de citas, las fuentes con las que han sido elaboradas.

Autores varios

Ley Orgánica del Estado

Barcelona 2024
Linkgua-ediciones.com

Créditos

Título original: Ley Orgánica del Estado.

© 2024, Red ediciones S.L.

e-mail: info@linkgua.com

Diseño de la colección: Michel Mallard.

ISBN rústica ilustrada: 978-84-9953-879-2.
ISBN tapa dura: 978-84-9007-042-0.
ISBN ebook: 978-84-9816-121-2.

Sumario

A lo largo de seis lustros, el Estado nacido el 18 de julio de 1936 ha realizado una honda labor de reconstrucción en todos los órdenes de la vida nacional. Nuestra legislación fundamental ha avanzado al compás de las necesidades patrias consiguiendo, gracias a su paulatina promulgación, el arraigo de las instituciones, al tiempo que las ha preservado de las rectificaciones desorientadoras que hubieran sido consecuencia inevitable de toda decisión prematura.

Las leyes hasta ahora promulgadas abarcan la mayor parte de las materias que demanda un ordenamiento institucional. En la Ley de Principios del Movimiento se recogen las directrices que inspiran nuestra política y que han de servir de guía permanente y de sustrato inalterable a toda acción legislativa y de gobierno. En el Fuero de los Españoles y el Fuero del Trabajo, se definen los derechos y deberes de los españoles y se ampara su ejercicio. La Ley de Referéndum somete a consulta y decisión directa del pueblo los proyectos de ley cuya trascendencia lo aconseje o el interés público lo demande. La Ley de Cortes establece la composición y atribuciones del órgano superior de participación del pueblo español en las tareas del Estado. Y en la Ley de Sucesión se declara España, como unidad política, constituída en Reino y se crea el Consejo del Reino que habrá de asistir al Jefe del Estado en todos los asuntos y resoluciones trascendentales de su exclusiva competencia.

No obstante, la vitalidad jurídica y el vigor político del Régimen, su adecuación a las necesidades actuales y la perspectiva que su dilatada vigencia proporciona, permiten y aconsejan completar y perfeccionar la legislación fundamental. Es llegado el momento oportuno para culminar la institucionalización del Estado nacional; delimitar las atribuciones ordinarias de la suprema magistratura del Estado al cumplirse las previsiones de la Ley de Sucesión señalar la composición del Gobierno, el procedimiento para el nombramiento y cese de sus miembros, su responsabilidad e incompatibilidades; establecer la organización y funciones del Consejo Nacional; dar carácter fundamental a las bases por que se rigen la Justicia, las Fuerzas Armadas y la Administración Pública; regular las relaciones entre la Jefatura del Estado, las Cortes, el Gobierno y el Consejo del Reino; señalar la forma de designación, duración del mandato y cese del Presidente de las Cortes y los Presidentes de los más altos Tribunales y Cuerpos consultivos, y abrir un cauce jurídico para la impugnación de cualquier acto legislativo o de gobierno que vulnere nuestro sistema de Leyes fundamentales.

A estos fines responde la presente Ley, que viene a perfeccionar y encuadrar en un armónico sistema las instituciones del Régimen, y a asegurar de una manera eficaz para el futuro la fidelidad por parte de los más altos órganos del Estado a los Principios del Movimiento Nacional.

Las Disposiciones adicionales tienen por objeto introducir las modificaciones precisas en las leyes fundamentales ya promulgadas, para poner algunos de sus puntos de acuerdo con la presente Ley, perfeccionarlas y acentuar el carácter representativo del orden político, que es principio básico de nuestras instituciones públicas.

A tal propósito responden las modificaciones a la Ley de Cortes, como las que significan: dar entrada en las mismas a un nuevo grupo de Procuradores representantes de la familia, elegidos por los cabezas de familia y las mujeres casadas, de acuerdo con el principio de igualdad de derechos políticos de la mujer; extender la representación a otros Colegios, Corporaciones o Asociaciones, al tiempo que se reduce, ponderadamente, el total de Procuradores que integran las Cortes;

y en general, acentuar la autenticidad de la representación e incrementar muy considerablemente la proporción de los Procuradores efectivos respecto de los que lo sean por razón del cargo. En esta misma línea está la elección, por el Pleno de las Cortes y en cada legislatura, de los dos Vicepresidentes y los cuatro Secretarios de la Mesa.

Igual directriz a la seguida para la modificación de la Ley de Cortes inspira la de la Ley de Sucesión en la Jefatura del Estado, en lo relativo a la composición del Consejo del Reino. A este efecto, diez de sus Consejeros serán electivos, frente a cuatro que lo son actualmente. Otras modificaciones van encaminadas a puntualizar algunos extremos del mecanismo sucesorio regulado en los artículos ocho y once de dicha Ley fundamental, con objeto de prever contigencias no contempladas por la misma.

A pesar de haber transcurrido varios lustros desde la promulgación del Fuero del Trabajo y del Fuero de los Españoles, pocas son las modificaciones que la experiencia aconseja introducir en ellas. Sus líneas maestras acreditan el valor permanente del ideario que las inspira y gran número de sus declaraciones y preceptos constituyen una feliz anticipación de la doctrina social católica recientemente puesta al día por el Concilio Ecuménico Vaticano II.

Sin embargo, la Declaración Conciliar sobre la libertad religiosa, promulgada el siete de diciembre de mil novecientos sesenta y cinco, exige el reconocimiento explícito de este derecho y la consiguiente modificación del artículo sexto del Fuero de los Españoles, en consonancia con el segundo de los Principios Fundamentales del Movimiento, según el cual la doctrina de la iglesia habrá de inspirar nuestra legislación.

En su virtud, en ejercicio de la facultad legislativa que me confieren las Leyes de treinta de enero de mil novecientos treinta y ocho y ocho de agosto de mil novecientos treinta y nueve, de conformidad con el acuerdo de las Cortes Españolas adoptado en su Sesión Plenaria del día veintidós de noviembre último, y con la expresión auténtica y directa del pueblo español, manifestada por la aprobación del ochenta y cinco coma cincuenta por ciento del cuerpo electoral, que representa el noventa y cinco coma ochenta y seis por ciento de los votantes, en el Referéndum nacional celebrado el día catorce de diciembre de mil novecientos sesenta y seis,

DISPONGO:

Título I

El Estado nacional

Artículo primero

I. El Estado español, constituido en Reino, es la suprema institución de la comunidad nacional.

II. Al Estado incumbe el ejercicio de la soberanía a través de los órganos adecuados a los fines que ha de cumplir.

Artículo segundo

I. La soberanía nacional es una e indivisible, sin que sea susceptible de delegación ni cesión.

II. El sistema institucional del Estado español responde a los principios de unidad de poder y coordinación de funciones.

Artículo tercero

Son fines fundamentales del Estado: la defensa de la unidad entre los hombres y entre las tierras de España; el mantenimiento de la integridad, independencia y seguridad de la Nación; la salvaguardia del patrimonio espiritual y material de los españoles; el amparo de los derechos de la persona, de la familia y de la sociedad; y la promoción de un orden social justo en el que todo interés particular quede subordinado al bien común. Todo ello bajo la inspiración y la más estricta fidelidad a los Principios del Movimiento Nacional promulgados por la Ley fundamental de 17 de mayo

de 1958, que son, por su propia naturaleza, permanentes e
inalterables.

Artículo cuarto

El Movimiento Nacional, comunión de los españoles en los
Principios a que se refiere el artículo anterior, informa el orden político, abierto a la totalidad de los españoles y, para
el mejor servicio de la Patria, promueve la vida política en
régimen de ordenada concurrencia de criterios.

Artículo quinto

La bandera nacional es la compuesta por tres franjas hori-
zontales: roja, gualda y roja; la gualda, de doble anchura que
las rojas.

Título II

El Jefe del Estado

Artículo sexto

El Jefe del Estado es el representante supremo de la Nación; personifica la soberanía nacional; ejerce el poder supremo político y administrativo; ostenta la Jefatura Nacional del Movimiento y cuida de la más exacta observancia de los Principios del mismo y demás Leyes fundamentales del Reino, así como de la continuidad del Estado y del Movimiento Nacional; garantiza y asegura el regular funcionamiento de los Altos Órganos del Estado y la debida coordinación entre los mismos; sanciona y promulga las leyes y provee a su ejecución; ejerce el mando supremo de los Ejércitos de Tierra, Mar y Aire; vela por la conservación del orden público en el interior y de la seguridad del Estado en el exterior; en su nombre se administra justicia; ejerce la prerrogativa de gracia; confiere, con arreglo a las leyes, empleos, cargos públicos y honores; acredita y recibe a los representantes diplomáticos y realiza cuantos actos le corresponden con arreglo a las Leyes fundamentales del Reino.

Artículo séptimo

Corresponde, particularmente, al Jefe del Estado:

a) Convocar las Cortes con arreglo a la Ley, así como presidirlas en la sesión de apertura de cada legislatura y dirigirles, de acuerdo con el Gobierno, el discurso inaugural y otros mensajes.

b) Prorrogar por el tiempo indispensable, a instancia de las Cortes o del Gobierno y de acuerdo con el Consejo del Reino, una legislatura cuando exista causa grave que impida la normal renovación de los Procuradores.

c) Someter a referéndum de la Nación los proyectos de ley a que se refiere el párrafo segundo del artículo diez de la Ley de Sucesión y el artículo primero de la Ley de Referéndum.

d) Designar y relevar de sus funciones al Presidente del Gobierno, al Presidente de las Cortes y demás Altos Cargos en la forma prevista por las Leyes.

e) Convocar y presidir el Consejo de Ministros y la Junta de Defensa Nacional cuando asista a sus reuniones.

f) Presidir, si lo estima oportuno, las deliberaciones del Consejo del Reino y del Consejo Nacional, siempre que las de aquél no afecten a su persona o a la de los herederos de la Corona. En ningún caso las votaciones se realizarán en presencia del Jefe del Estado.

g) Pedir dictamen y asesoramiento al Consejo del Reino.

h) Recabar informes del Consejo Nacional.

Artículo octavo

I. La persona del Jefe del Estado es inviolable. Todos los españoles le deberán respeto y acatamiento.

II. Todo lo que el Jefe del Estado disponga en el ejercicio de su autoridad deberá ser refrendado, según los casos, por el Presidente del Gobierno o el Ministro a quien corresponda el Presidente de las Cortes o el Presidente del Consejo del Reino, careciendo de valor cualquier disposición que no se ajuste a esta formalidad.

III. De los actos del Jefe del Estado serán responsables las personas que los refrenden.

Artículo noveno

El Jefe del Estado necesita una ley, o, en su caso, acuerdo o autorización de las Cortes, a los fines siguientes:

a) Ratificar tratados o convenios internacionales que afecten a la plena soberanía o a la integridad del territorio español.

b) Declarar la guerra y acordar la paz.

c) Realizar los actos a que hace referencia el artículo doce de la Ley de Sucesión y los que vengan determinados en otros preceptos de las Leyes fundamentales del Reino.

Artículo diez

El Jefe del Estado estará asistido por el Consejo del Reino, para:

a) Proponer a las Cortes aquellos actos que, según lo dispuesto en el artículo anterior, requieran una ley, acuerdo o autorización de las mismas.

19

b) Devolver a las Cortes para nuevo estudio una ley por ellas elaborada.

c) Prorrogar una legislatura por causa grave y por el tiempo indispensable.

d) Adoptar medidas excepcionales cuando la seguridad exterior, la independencia de la Nación, la integridad de su territorio o el sistema institucional del Reino estén amenazados de modo grave e inmediato, dando cuenta documentada a las Cortes.

e) Someter a referéndum nacional los proyectos de ley trascendentales cuando ello no sea preceptivo.

f) Adoptar las demás determinaciones para las que una Ley fundamental establezca este requisito.

Artículo once

Durante las ausencias del Jefe del Estado del territorio nacional, o en caso de enfermedad, asumirá sus funciones el heredero de la Corona si lo hubiere y fuese mayor de treinta años o, en su defecto, el Consejo de Regencia. En todo caso, el Presidente del Gobierno dará cuenta a las Cortes.

Artículo doce

La tutela de las personas reales menores de edad llamadas a la sucesión o del Rey incapacitado, será aprobada por las Cortes a propuesta del Consejo del Reino. La designación ha de recaer en persona de nacionalidad española que profese

la religión católica y es incompatible con el ejercicio de la
Regencia, de la Presidencia del Gobierno o de la Presidencia
de las Cortes.

Título III

El Gobierno de la Nación

Artículo trece

I. El Jefe del Estado dirige la gobernación del Reino por medio del Consejo de Ministros.

II. El Consejo de Ministros, constituido por el Presidente del Gobierno, el Vicepresidente o Vicepresidentes, si los hubiere, y los Ministros, es el órgano que determina la política nacional, asegura la aplicación de las leyes, ejerce la potestad reglamentaria y asiste de modo permanente al Jefe del Estado en los asuntos políticos y administrativos.

III. Los acuerdos del Gobierno irán siempre refrendados por su Presidente o por el Ministro a quien corresponda.

Artículo catorce

I. El Presidente del Gobierno habrá de ser español y será designado por el Jefe del Estado a propuesta en terna del Consejo del Reino.

II. Su mandato será de cinco años. Quince días antes de expirar éste, el Consejo del Reino elevará la propuesta a que se refiere el párrafo anterior.

III. El cargo de Presidente del Gobierno tendrá las incompatibilidades que señalen las Leyes.

IV. Corresponde al Presidente del Gobierno representar al

Gobierno de la Nación, dirigir la política general y asegurar la coordinación de todos los órganos de gobierno y administración.

V. El Presidente del Gobierno, en nombre del Jefe del Estado, ejerce la Jefatura Nacional del Movimiento, asistido del Consejo Nacional y del Secretario General.

Artículo quince
El Presidente del Gobierno cesará en su cargo:

a) Por expirar el término de su mandato.

b) A petición propia, una vez aceptada su dimisión por el Jefe del Estado, oído el Consejo del Reino.

c) Por decisión del Jefe del Estado, de acuerdo con el Consejo del Reino.

d) A propuesta del Consejo del Reino, por incapacidad apreciada por los dos tercios de sus miembros.

Artículo dieciséis
I. En caso de fallecimiento del Presidente del Gobierno o en los supuestos de los apartados b), c) y d) del artículo anterior, asumirá interinamente sus funciones el Vicepresidente o Vicepresidentes por el orden que se establezca o, si no hubiese Vicepresidente, el Ministro que designe el Jefe del Estado.

II. En el plazo de diez días, se procederá a nombrar nuevo Presidente en la forma establecida en el artículo catorce.

Artículo diecisiete

I. Los demás miembros del Gobierno serán españoles y su nombramiento y separación se efectuará por el Jefe del Estado a propuesta del Presidente del Gobierno.

II. Sus cargos tendrán las incompatibilidades que señalen las Leyes.

Artículo dieciocho

Los miembros del Gobierno cesarán en sus cargos:

a) Al cambiar el Presidente del Gobierno.

b) Por iniciativa del Presidente del Gobierno, aceptada por el Jefe del Estado.

c) A petición propia, cuando haya sido aceptada la dimisión por el Jefe del Estado a propuesta del Presidente del Gobierno.

Artículo diecinueve

El Presidente y los demás miembros del Gobierno, antes de tomar posesión de sus cargos, prestarán ante el Jefe del Estado juramento de fidelidad a éste, a los Principios del Movimiento Nacional y demás Leyes fundamentales del Reino, así como de guardar secreto de sus deliberaciones.

Artículo veinte

I. El Presidente y los demás miembros del Gobierno son solidariamente responsables de los acuerdos tomados en Consejo de Ministros. Cada uno de ellos responderá de los actos que realice o autorice en su Departamento.

II. La responsabilidad penal del Presidente y de los demás miembros del Gobierno y la civil por actos relacionados con el ejercicio de sus funciones, se exigirá ante el Tribunal Supremo de Justicia en pleno.

Título IV

El Consejo Nacional

Artículo veintiuno

Son fines del Consejo Nacional, como representación colegiada del Movimiento, los siguientes:

a) Fortalecer la unidad entre los hombres y entre las tierras de España.

b) Defender la integridad de los Principios del Movimiento Nacional y velar porque la transformación y desarrollo de las estructuras económicas, sociales y culturales se ajusten a las exigencias de la justicia social.

c) Velar por el desarrollo y ejercicio de los derechos y libertades reconocidas por las Leyes fundamentales y estimular la participación auténtica y eficaz de las entidades naturales y de la opinión pública en las tareas políticas.

d) Contribuir a la formación de las juventudes españolas en la fidelidad a los Principios del Movimiento Nacional e incorporar las nuevas generaciones a la tarea colectiva.

e) Encauzar, dentro de los Principios del Movimiento, el contraste de pareceres sobre la acción política.

f) Cuidar de la permanencia y perfeccionamiento del propio Movimiento Nacional.

Artículo veintidós

El Consejo Nacional estará constituído por los siguientes Consejeros:

a) Un Consejero elegido por cada provincia, en la forma que establezca la Ley orgánica correspondiente.

b) Cuarenta Consejeros designados por el Caudillo entre personas de reconocidos servicios. Al cumplirse las previsiones sucesorias, estos cuarenta Consejeros adquirirán el carácter de permanentes hasta cumplir la edad de setenta y cinco años, y las vacantes que en lo sucesivo se produzcan entre los mismos se proveerán por elección mediante propuesta en terna de este grupo de Consejeros al Pleno del Consejo.

c) Doce Consejeros representantes de las estructuras básicas de la comunidad nacional:

— Cuatro elegidos entre sus miembros por los Procuradores en Cortes representantes de la Familia.

— Cuatro elegidos entre sus miembros por los Procuradores en Cortes representantes de las Corporaciones locales.

— Cuatro elegidos entre sus miembros por los Procuradores en Cortes representantes de la Organización Sindical.

d) Seis Consejeros designados por el Presidente del Consejo entre personas que presten relevantes servicios a los fines enumerados en el artículo anterior.

e) El Secretario General, que ejercerá las funciones de Vicepresidente.

Artículo veintitrés

Para el cumplimiento de los fines señalados en el artículo veintiuno, el Consejo Nacional tendrá las siguientes atribuciones:

a) Promover la acomodación de las leyes y disposiciones generales a los Principios del Movimiento Nacional y demás Leyes fundamentales del Reino, ejerciendo a este efecto el recurso de contrafuero previsto en el Título X de esta Ley.

b) Sugerir al Gobierno la adopción de cuantas medidas estime convenientes a la mayor efectividad de los Principios del Movimiento y demás Leyes fundamentales del Reino y, en todo caso, conocer e informar, antes de su remisión a las Cortes, cualquier proyecto o modificación de Ley fundamental.

c) Elevar al Gobierno los informes o memorias que considere oportunos y evacuar las consultas que aquél le someta, pudiendo, a tales efectos, requerir los antecedentes que, considere convenientes.

Artículo veinticuatro

El Consejo Nacional funcionará en Pleno y en Comisión Permanente con arreglo a lo que disponga su Ley orgánica.

Artículo veinticinco

El Presidente del Gobierno, por su condición de Jefe Nacional del Movimiento por delegación del Jefe del Estado. ejercerá la Presidencia del Consejo Nacional y de su Comisión Permanente, asistido del Secretario General, en quien podrá delegar las funciones que estime convenientes.

Artículo veintiséis

El Secretario General será designado por el Jefe del Estado a propuesta del Presidente del Gobierno. El cargo de Secretario General tendrá las incompatibilidades que señalen las Leyes.

Artículo veintisiete

I. El Presidente del Consejo Nacional cesará en su cargo al cesar en el de Presidente del Gobierno.

II. El Secretario General cesará en su cargo:

a) Al cambiar el Presidente del Gobierno.

b) Por iniciativa del Presidente del Gobierno, aceptada por el Jefe del Estado.

c) A petición propia, cuando haya sido aceptada su dimisión por el Jefe del Estado a propuesta del Presidente del Gobierno.

III. Los Consejeros Nacionales cesarán en su cargo:

a) Al término de su mandato, los de los grupos a) y c; al cumplir los setenta y cinco años, los del grupo b), y por decisión del Presidente del Consejo, los del d).

b) A petición propia, cuando haya sido aceptada su dimisión por el Jefe del Estado, a propuesta del Presidente del Consejo.

c) Por incapacidad apreciada por el Consejo.

d) Por las demás causas que den lugar a su cese como Procurador en Cortes.

Artículo veintiocho

Una Ley orgánica establecerá las normas que regulen el Consejo Nacional.

Título V

La Justicia

Artículo veintinueve

La Justicia gozará de completa independencia. Será administrada en nombre del Jefe del Estado, de acuerdo con las leyes, por Jueces y Magistrados independientes, amovibles y responsables con arreglo a la Ley.

Articulo treinta.

Todos los españoles tendrán libre acceso a los Tribunales. La Justicia será gratuita para quienes carezcan de medios económicos.

Artículo treinta y uno

La función jurisdiccional, juzgando y haciendo ejecutar lo juzgado, en los juicios civiles, penales, contencioso-administrativos, laborales y demás que establezcan las Leyes, corresponde exclusivamente a los Juzgados y Tribunales determinados en la Ley orgánica de la Justicia, según su diversa competencia.

Artículo treinta y dos

I. La Jurisdicción Militar se regirá por las leyes y disposiciones que privativamente la regulan.

II. La Jurisdicción Eclesiástica tendrá por ámbito el que establezca el Concordato con la Santa Sede.

Artículo treinta y tres

La alta inspección de la Justicia corresponde al Presidente del Tribunal Supremo, el cual será designado entre juristas españoles de reconocido prestigio.

Artículo treinta y cuatro

Los Jueces y Magistrados no podrán ser separados, suspendidos, trasladados ni jubilados, sino por algunas de las causas y con las garantías prescritas en las Leyes.

Artículo treinta y cinco

I. El Ministerio Fiscal, órgano de comunicación entre el Gobierno y los Tribunales de Justicia, tiene por misión promover la acción de la Justicia en defensa de los intereses públicos tutelados por la ley y procurar ante los Juzgados y Tribunales el mantenimiento del orden jurídico y la satisfacción del interés social.

II. Las funciones encomendadas al Ministerio Fiscal se ejercerán por medio de sus órganos, ordenados conforme a los principios de unidad y dependencia jerárquica.

Artículo treinta y seis

Las autoridades y organismos de carácter público, así como los particulares, están obligados a prestar a los Juzgados y Tribunales el auxilio necesario para el ejercicio de la función jurisdiccional.

Título VI

Las Fuerzas Armadas

Artículo treinta y siete

Las Fuerzas Armadas de la Nación, constituídas por los Ejércitos de Tierra, Mar y Aire y las Fuerzas de Orden Público, garantizan la unidad e independencia de la Patria, la integridad de sus territorios, la seguridad nacional y la defensa del orden institucional.

Artículo treinta y ocho

Una Junta de Defensa Nacional, integrada por el Presidente del Gobierno, los Ministros de los Departamentos militares, el Jefe del Alto Estado Mayor y los Jefes de Estado Mayor de los Ejércitos de Tierra, Mar y Aire, propondrá al Gobierno las líneas generales concernientes a la seguridad y defensa nacional. A esta Junta de Defensa Nacional podrán ser incorporados los Ministros o Altos Cargos que, por el carácter de los asuntos a tratar, se considere conveniente.

Artículo treinta y nueve

Un Alto Estado Mayor, dependiente del Presidente del Gobierno, será el órgano técnico de la Defensa Nacional, con la misión de coordinar la acción de los Estados Mayo-res de los tres Ejércitos.

Título VII

La Administración del Estado

Artículo cuarenta

I. La Administración, constituida por órganos jerárquicamente ordenados, asume el cumplimiento de los fines del Estado en orden a la pronta y eficaz satisfacción del interés general.

II. Los órganos superiores de la Administración, su respectiva competencia y las bases del régimen de sus funcionarios, vendrán determinados por Ley.

III. La Administración estará asesorada por los órganos consultivos que establezca la ley.

IV. El Consejo de Estado es el supremo cuerpo consultivo de la Administración, y su competencia y funcionamiento se ajustarán a lo que disponga la ley.

V. El Consejo de Economía Nacional es el órgano consultivo, asesor y técnico en los asuntos de importancia que afecten a la economía nacional.

Artículo cuarenta y uno

I. La Administración no podrá dictar disposiciones contrarias a las Leyes, ni regular, salvo autorización expresa de una Ley, aquellas materias que sean de la exclusiva competencia de las Cortes.

II. Serán nulas las disposiciones administrativas que infrinjan lo establecido en el párrafo anterior.

Artículo cuarenta y dos

I. Las resoluciones y acuerdos que dicte la Administración lo serán con arreglo a las normas que regulan el procedimiento administrativo.

II. Contra los actos y acuerdos que pongan fin a la vía administrativa podrán ejercitarse las acciones y recursos que procedan ante la jurisdicción competente, de acuerdo con las leyes.

III. La responsabilidad de la Administración y de sus autoridades, funcionarios y agentes podrá exigirse por las causas y en la forma que las Leyes determinan.

Artículo cuarenta y tres

Todas las autoridades y funcionarios públicos deben fidelidad a los Principios del Movimiento Nacional y demás Leyes fundamentales del Reino y prestarán, antes de tomar posesión de sus cargos, el juramento correspondiente.

Artículo cuarenta y cuatro

Al Tribunal de Cuentas del Reino corresponde, con plena independencia, el examen y comprobación de las cuentas expresivas de los hechos realizados en ejercicio de las Leyes de Presupuestos y de carácter fiscal, así como las cuentas de todos los organismos oficiales que reciban ayuda o subvención con cargo a los Presupuestos Generales del Estado y de sus Organismos autónomos, y realizar las demás funciones que le señale su Ley orgánica.

Título VIII

La Administración Local

Artículo cuarenta y cinco

I. Los Municipios son entidades naturales y constituyen estructuras básicas de la comunidad nacional, agrupándose territorialmente en Provincias.

II. La Provincia es circunscripción determinada por la agrupación de Municipios, a la vez que división territorial de la Administración del Estado. También podrán establecerse divisiones territoriales distintas de la Provincia.

Artículo cuarenta y seis

I. Los Municipios y las Provincias tienen personalidad jurídica y capacidad plena para el cumplimiento de sus fines peculiares en los términos establecidos por las leyes, sin perjuicio de sus funciones cooperadoras en los servicios del Estado.

II. Las Corporaciones municipales y provinciales, órganos de representación y gestión del Municipio y la Provincia, respectivamente, serán elegidas por sufragio articulado a través de los cauces representativos que señala el artículo diez del Fuero de los Españoles.

Artículo cuarenta y siete

El Estado promueve el desarrollo de la vida municipal y provincial, protege y fomenta el patrimonio de las Corporaciones locales y asegura a éstas los medios económicos necesarios para el cumplimiento de sus fines.

Artículo cuarenta y ocho

El régimen de la Administración local y de sus Corporaciones, de conformidad con lo dispuesto en los artículos anteriores y las garantías exigidas por el bien común en este orden, vendrá determinado por la Ley

Título IX

Relaciones entre los Altos Órganos del Estado

Artículo cuarenta y nueve

Las Cortes españolas serán inmediatamente informadas del nombramiento de nuevo Gobierno y de la sustitución de cualquiera de sus miembros.

Artículo cincuenta

Además de su participación en las tareas legislativas, compete a las Cortes, en relación con el Jefe del Estado:

a) Recibir al Jefe del Estado y al heredero de la Corona al cumplir éste los treinta años, juramento de fidelidad a los Principios del Movimiento y demás Leyes fundamentales del Reino.

b) Resolver, de acuerdo con la Ley de Sucesión, todas las cuestiones que puedan surgir en orden a la sucesión en la Jefatura del Estado.

c) Autorizar al Jefe del Estado para realizar aquellos actos que, por Ley fundamental, requieran la intervención de las Cortes.

d) Las demás que a este respecto les confieran las Leyes fundamentales.

Artículo cincuenta y uno

El Gobierno podrá someter a la sanción del Jefe del Estado disposiciones con fuerza de ley con arreglo a las autorizaciones expresas de las Cortes.

Artículo cincuenta y dos

Salvo el caso previsto en el artículo anterior y los comprendidos en el apartado d) del artículo diez de esta Ley y en el trece de la Ley de Cortes, el Gobierno no podrá dictar disposiciones que, de acuerdo con los artículos diez y doce de la Ley y de Cortes, deban revestir forma de ley.

Artículo cincuenta y tres

El Presidente del Gobierno y los Ministros informarán a las Cortes acerca de la gestión del Gobierno y de sus respectivos Departamentos y, en su caso, deberán responder a ruegos, preguntas e interpelaciones que se hicieren reglamentariamente.

Artículo cincuenta y cuatro

I. Corresponde al Gobierno acordar la redacción del proyecto de Ley de Presupuestos Generales del Estado y a las Cortes su aprobación, enmienda o devolución. Si la Ley de Presupuestos no se aprobara antes del primer día del ejercicio económico siguiente, económico siguiente, se considerarán automáticamente prorrogados los Presupuestos del ejercicio anterior hasta la aprobación de los nuevos.

II. Aprobados los Presupuestos Generales del Estado, sólo
el Gobierno podrá presentar proyectos de ley que impliquen
aumento de los gastos públicos o disminución de los ingresos, y toda proposición de ley, o enmienda a un proyecto o
proposición de ley que entrañe aumento de gastos o disminución de ingresos, necesitará la conformidad del Gobierno
para su tramitación.

III. El Gobierno someterá a la aprobación de las Cortes la
Cuenta General del Estado, una vez examinada y comproba-
da por el Tribunal de Cuentas del Reino.

Artículo cincuenta y cinco

El Tribunal de Cuentas del Reino, en el ejercicio de su función fiscalizadora, deberá poner en conocimiento del Gobierno y de las Cortes, a través de las correspondientes memorias
e informes, la opinión que le merezcan, los términos en que
hayan sido cumplidas las Leyes de Presupuestos y las demás
de carácter fiscal, conforme a lo prevenido en la Ley que re-
gula esta obligación y asimismo en todos aquellos casos en
que, por su excepcional importancia, considere que debe hacer uso de esta facultad.

Artículo cincuenta y seis

Sólo el Jefe del Estado puede pedir dictamen al Consejo del
Reino.

Artículo cincuenta y siete

Corresponde al Jefe del Estado decidir, conforme a las leyes, las cuestiones de competencia entre la Administración y los Jueces o Tribunales ordinarios y especiales y las que se produzcan entre el Tribunal de Cuentas y la Administración o entre dicho Tribunal y los demás Tribunales ordinarios y especiales.

Artículo cincuenta y ocho

I. Los Presidentes del Tribunal Supremo de Justicia, del Consejo de Estado, del Tribunal de Cuentas del Reino y del Consejo de Economía Nacional, serán designados por el Jefe del Estado a propuesta en terna del Consejo del Reino.

II. Su mandato será de seis años, y sus cargos tendrán las incompatibilidades que señalen las Leyes.

III. Su cese se producirá:

a) Por expirar el término de su mandato.

b) A petición propia, una vez aceptada su dimisión por el Jefe del Estado, oído el Consejo del Reino.

c) Por decisión del Jefe del Estado, de acuerdo con el Consejo del Reino.

d) A propuesta del Consejo del Reino, por incapacidad apreciada por los dos tercios de sus miembros.

Título X

El recurso de contrafuero

Artículo cincuenta y nueve

I. Es contrafuero todo acto legislativo o disposición general del Gobierno que vulnere los Principios del Movimiento Nacional o las demás Leyes fundamentales del Reino.

II. En garantía de los principios y normas lesionados por el contrafuero se establece el recurso ante el Jefe del Estado.

Artículo sesenta

Podrán promover recurso de contrafuero:

a) El Consejo Nacional, en todo caso, por acuerdo adoptado por las dos terceras partes de sus Consejeros.

b) La Comisión Permanente de las Cortes en las disposiciones de carácter general del Gobierno, mediante acuerdo adoptado por la mayoría de dos tercios de sus componentes.

Articulo sesenta y uno.

I. El recurso de contrafuero se entablará ante el Consejo del Reino en el plazo de dos meses a partir de la publicación en el «Boletín Oficial del Estado» de la ley o de la disposición de carácter general que lo motive.

II. El Presidente del Consejo del Reino dará cuenta inmediata al Jefe del Estado de la interposición del recurso de contrafuero y lo pondrá en conocimiento de la Comisión Permanente de las Cortes o del Presidente del Gobierno, según corresponda, a los efectos de que si lo estiman necesario, designen un representante que defienda ante el Consejo del Reino la legitimidad de la ley o disposición de carácter general recurrida.

III. El Consejo del Reino, de concurrir fundados motivos, podrá proponer al Jefe del Estado la suspensión, durante la tramitación del recurso, de la ley o disposición de carácter general recurrida o, en su caso, del precepto o preceptos de ella que resulten afectados por el recurso.

Artículo sesenta y dos

I. El Consejo del Reino solicitará dictamen acerca de la cuestión planteada por el recurso de contrafuero a una Ponencia presidida por un Presidente de Sala del Tribunal Supremo de Justicia e integrada por: un Consejero Nacional, un Consejero Permanente de Estado, un Magistrado del Tribunal Supremo de Justicia y un Procurador en Cortes, designados por la Comisión Permanente de las instituciones respectivas y, en el caso del Tribunal Supremo, por su Sala de Gobierno. Dicho dictamen se elevará al Consejo del Reino con expresión de los votos particulares, si los hubiere.

II. El Consejo del Reino, presidido a estos efectos por el Presidente del Tribunal Supremo de Justicia, propondrá al Jefe del Estado la resolución que proceda.

Artículo sesenta y tres

En el supuesto de que la Comisión Permanente de las Cortes advirtiera vulneración de los Principios del Movimiento o demás Leyes fundamentales, en un proyecto o proposición de ley dictaminado por la Comisión correspondiente de las Cortes, expondrá su parecer, en razonado escrito, al Presidente de las Cortes, dentro de los ocho días siguientes a la publicación del dictamen en el «Boletín Oficial» de éstas, quien lo trasladará a la Comisión que lo hubiere dictaminado para que someta a nuevo estudio el proyecto o proposición de ley de que se trate. Entre tanto, se suspenderá su inclusión en el orden del día del Pleno o, en su caso, será retirado del mismo.

Artículo sesenta y cuatro

La resolución que anule por contrafuero el acto legislativo o disposición de carácter general del Gobierno que haya sido objeto de recurso, obligará a la inmediata publicación en el «Boletín Oficial del Estado» de la nulidad acordada, con el alcance que en cada caso proceda.

Artículo sesenta y cinco

I. El Jefe del Estado, antes de someter a referéndum un proyecto o proposición de ley elaborados por las Cortes, interesará del Consejo Nacional que manifieste, en plazo de quince días, si a su juicio existe en la misma motivo para promover el recurso de contrafuero.

II. Si el Consejo Nacional entendiera que dicho motivo existe, procederá a entablarlo en la forma prevista en el artículo sesenta y uno. En caso contrario, así como en el de quedar desestimado dicho recurso, la ley podrá ser sometida a referéndum, y después de su promulgación no podrá ser objeto de recurso de contrafuero.

Artículo sesenta y seis
Una Ley especial establecerá las condiciones, la forma y los términos en que haya de promoverse y sustanciarse el procedimiento a que dé lugar el recurso de contrafuero.

Disposiciones adicionales

Primera

El artículo sexto del FUERO DE LOS ESPAÑOLES queda redactado así:

«Artículo sexto

La profesión y práctica de la Religión Católica, que es la del Estado español, gozará de la protección oficial.

El Estado asumirá la protección de la libertad religiosa, que será garantizada por una eficaz tutela jurídica que, a la vez, salvaguarde la moral y el orden público.»

Segunda

La Exposición de motivos y las Declaraciones: II (número tres); III (número cuatro); VIII (número tres); XI (números dos y cinco); y XIII (números uno, dos, tres, cuatro, cinco y seis) del FUERO DEL TRABAJO, quedan redactadas en los siguientes términos:

Exposición de motivos

«Renovando la tradición católica de justicia social y alto sentido humano que informó la legislación de nuestro glorioso pasado, el Estado asume la tarea de garantizar a los españoles la Patria, el Pan y la Justicia.

Para conseguirlo –atendiendo, por otra parte, a robustecer la unidad, libertad y grandeza de España– acude al plano de lo social con la voluntad de poner la riqueza al servicio del pueblo español, subordinando la economía a la dignidad de la persona humana, teniendo en cuenta sus necesidades materiales y las exigencias de su vida intelectual moral, espiritual y religiosa.

Y partiendo de una concepción de España como unidad de destino, manifiesta, mediante las presentes declaraciones, su designio de que también la producción española en la hermandad de todos sus elementos, constituya una unidad de servicio a la fortaleza de la Patria y al bien común de todos los españoles.

El Estado español formula estas declaraciones, que inspirarán su política social y económica, por imperativos de justicia y exigencia de cuantos habiendo justicia y en el deseo laborado por la Patria forman, por el honor, el valor y el trabajo, la más adelantada aristocracia de esta era nacional. Ante los españoles, irrevocablemente unidos en el sacrificio y en la esperanza, declaramos:»

Declaración II

«3. Sin pérdida de la retribución y teniendo en cuenta las necesidades técnicas de las empresas, las leyes obligarán a que sean respetadas las fiestas religiosas y civiles declaradas por el Estado.»

Declaración III

«4. El Estado fijará las bases mínimas para la ordenación del trabajo, con sujeción a las cuales se establecerán las relaciones entre los trabajadores y las empresas. El contenido primordial de dichas relaciones será tanto la prestación del trabajo y su remuneración, como la ordenación de los elementos de la empresa, basada en la justicia, la recíproca lealtad y la subordinación de los valores económicos a los de orden humano y social.»

Declaración VIII

«3. La dirección de la empresa será responsable de la contribución de ésta al bien común de la economía nacional.»

Declaración XI

«2. Los actos ilegales, individuales o colectivos, que perturben de manera grave la producción o atenten contra ella, serán sancionados con arreglo a las leyes.»

«5. El Estado, por sí o a través de los Sindicatos, impedirá toda competencia desleal en el campo de la producción, así como aquellas actividades que dificulten el normal desarrollo de la economía nacional, estimulando, en cambio, cuantas iniciativas tiendan a su perfeccionamiento.»

Declaración XIII
«1. Los españoles, en cuanto participan en el trabajo y la producción, constituyen la Organización Sindical.»

«2. La Organización Sindical se constituye en un orden de Sindicatos industriales, agrarios y de servicios, por ramas de actividades a escala territorial y nacional que comprenda a todos los factores de la producción.»

«3. Los Sindicatos tendrán la condición de corporaciones de derecho público de base representativa, gozando de personalidad jurídica y plena capacidad funcional en sus respectivos ámbitos de competencia. Dentro de ellos y en la forma que legalmente se determine, se constituirán las asociaciones respectivas de empresarios, técnicos y trabajadores que se organicen para la defensa de sus intereses peculiares y como medio de participación, libre y representativa, en las actividades sindicales y, a través de los Sindicatos, en las tareas comunitarias de la vida política, económica y social.»

«4. Los Sindicatos son el cauce de los intereses profesionales y económicos para el cumplimiento de los fines de la comunidad nacional y tienen la representación de aquéllos.»

«5. Los Sindicatos colaborarán en el estudio de los problemas de la producción y podrán proponer soluciones e intervenir en la reglamentación, vigilancia y cumplimiento de las condiciones de trabajo.»

«6. Los Sindicatos podrán crear y mantener organismos de investigación, formación moral, cultural y profesional, previsión, auxilio y demás de carácter social que interesen a los partícipes en la producción.»

Tercera

A. Los artículos primero, segundo, sexto, séptimo, octavo, doce, trece, catorce, dieciséis y diecisiete de la LEY DE CORTES, quedan redactados como a continuación se expresa:

«Artículo primero

Las Cortes son el órgano superior de participación del pueblo español en las tareas del Estado. Es misión principal de las Cortes la elaboración y aprobación de las Leyes, sin perjuicio de la sanción que corresponde al Jefe del Estado.»

«Artículo segundo

I. Las Cortes se componen de los Procuradores comprendidos en los apartados siguientes:

a) Los miembros del Gobierno.

b) Los Consejeros Nacionales.

c) El Presidente del Tribunal Supremo de Justicia, el del Consejo de Estado, el del Consejo Supremo de Justicia Militar, el del Tribunal de Cuentas del Reino y el del Consejo de Economía Nacional.

d) Ciento cincuenta representantes de la Organización Sindical.

e) Un representante de los Municipios de cada Provincia elegido por sus Ayuntamientos entre sus miembros y otro de cada uno de los Municipios de más de trescientos mil habitantes y de los de Ceuta y Melilla, elegidos por los respectivos Ayuntamientos entre sus miembros; un representante por cada Diputación Provincial y Mancomunidad Interinsular canaria, elegido por las Corporaciones respectivas entre sus miembros, y los representantes de las Corporaciones locales de los territorios no constituidos en provincias, elegidos de la misma forma.

f) Dos representantes de la Familia por cada provincia, elegidos por quienes figuren en el censo electoral de cabezas de familia y por las mujeres casadas, en la forma que se establezca por ley.

g) Los Rectores de las Universidades.

h) El Presidente del Instituto de España y dos representantes elegidos entre los miembros de las Reales Academias que lo componen; el Presidente del Consejo Superior de Investigaciones Científicas y dos representantes del mismo elegidos por sus miembros.

i) El Presidente del Instituto de Ingenieros Civiles y un representante de las Asociaciones de Ingenieros que lo constituyen; dos representantes de los Colegios de Abogados; dos representantes de los Colegios Médicos. Un representante por cada uno de los siguientes Colegios: de Agentes de Cambio y Bolsa, de Arquitectos, de Economistas, de Farmacéuticos, de Licenciados y Doctores en Ciencias y Letras, de Licenciados y Doctores en Ciencias Químicas y Físico-Químicas, de Notarios, de Procuradores de los Tribunales, de Registradores de la Propiedad, de Veterinarios y de los demás Colegios profesionales de título académico superior que en lo sucesivo se reconozcan a estos efectos, que serán elegidos por los respectivos Colegios Oficiales. Tres representantes de las Cámaras Oficiales de Comercio; uno de las Cámaras de la Propiedad Urbana y otro en representación de las Asociaciones de Inquilinos, elegidos por sus Juntas u órganos representativos.

Todos los elegidos por este apartado deberán ser miembros de los respectivos Colegios, Corporaciones o Asociaciones que los elijan.

La composición y distribución de los Procuradores comprendidos en este apartado podrá ser variada por ley, sin que su número total sea superior a treinta.

j) Aquellas personas que por su jerarquía eclesiástica, militar o administrativa, o por sus relevantes servicios a la Patria, designe el Jefe del Estado, oído el Consejo del Reino, hasta un número no superior a veinticinco.

II. Todos los Procuradores en Cortes representan al Pueblo español, deben servir a la Nación y al bien común y no estar ligados por mandato imperativo alguno.»

«Artículo sexto

Los Procuradores en Cortes que lo fuesen por razón del cargo que desempeñan, perderán aquella condición al cesar en éste. Los designados por el Jefe del Estado la perderán por revocación del mismo. Los demás Procuradores lo serán por cuatro años, siendo susceptibles de reelección; pero si durante estos cuatro años un representante de Diputación, Ayuntamiento o Corporación cesase como elemento constitutivo de los mismos, cesará también en su cargo de Procurador.»

«Artículo séptimo

I. El Presidente de las Cortes será designado por el Jefe del Estado entre los Procuradores en Cortes que figuren en una terna que le someterá el Consejo del Reino en el plazo máximo de diez días desde que se produzca la vacante. Su nombramiento será refrendado por el Presidente en funciones del Consejo del Reino.

II. Su mandato será de seis años, manteniendo durante este plazo su condición de Procurador en Cortes. El cargo de Presidente de las Cortes tendrá las incompatibilidades que señalen las Leyes.

III. El Presidente de las Cortes cesará en su cargo:

a) Por expirar el término de su mandato.

b) A petición propia, una vez aceptada su dimisión por el Jefe del Estado, oído el Consejo del Reino reunido en ausencia del Presidente de las Cortes.

c) Por decisión del Jefe del Estado, de acuerdo con el Consejo del Reino en reunión análoga a la prevista en el párrafo anterior.

d) Por incapacidad apreciada por los dos tercios de las Cortes, presididas por el primer Vicepresidente o, en su caso, el segundo Vicepresidente, previa propuesta razonada de la Comisión Permanente, con análoga presidencia, o del Gobierno.

IV. Vacante la presidencia de las Cortes, se hará cargo de ella el primer Vicepresidente o, en su caso, el segundo Vicepresidente, hasta que se designe nuevo Presidente dentro del plazo de diez días.

V. Los dos Vicepresidentes y los cuatro Secretarios de las Cortes serán elegidos, en cada legislatura y entre sus Procuradores, por el Pleno de las Cortes.»

«Artículo octavo
Las Cortes funcionarán en Pleno y por Comisiones. Las Comisiones las fija y nombra el Presidente de las Cortes, a propuesta de la Comisión Permanente y de acuerdo con el Gobierno. El Presidente fija, de acuerdo con el Gobierno, el orden del día tanto del Pleno como de las Comisiones.»

«Artículo doce

I. Son de la competencia de las Comisiones de las Cortes todas las disposiciones que no estén comprendidas en el artículo diez y que deban revestir forma de ley, bien porque así se establezca en alguna posterior a la presente o bien porque se dictamine en dicho sentido por una Comisión compuesta por el Presidente de las Cortes, un Ministro designado por el Gobierno, un Consejero perteneciente a la Comisión Permanente del Consejo Nacional, un Procurador en Cortes con título de Letrado, el Presidente del Consejo de Estado y el del Tribunal Supremo de Justicia. Esta Comisión emitirá dictamen a requerimiento del Gobierno o de la Comisión Permanente de las Cortes.

II. Si alguna Comisión de las Cortes planteare, con ocasión del estudio de un proyecto, proposición de ley o moción independiente, alguna cuestión que no fuere de la competencia de las Cortes, el Presidente de éstas, por propia iniciativa o a petición del Gobierno, podrá requerir el dictamen de la Comisión a que se refiere el párrafo anterior. En caso de que el dictamen estimara no ser la cuestión de la competencia de las Cortes, el asunto será retirado del orden del día de la Comisión.»

«Artículo trece

Por razones de urgencia, el Gobierno podrá proponer al Jefe del Estado la sanción de decretos-leyes para regular materias enunciadas en los artículos diez y doce. La urgencia será apreciada por el Jefe del Estado, oída la Comisión a que se refiere el artículo anterior, la cual podrá llamar la atención de la Comisión Permanente si advirtiera materia de contrafuero. Acto continuo de la promulgación de un decreto-ley se dará cuenta de él a las Cortes.»

«Artículo catorce

I. La ratificación de tratados o convenios internacionales que afecten a la plena soberanía o a la integridad territorial española, serán objeto de ley aprobada por el Pleno de las Cortes.

II. Las Cortes en Pleno o en Comisión, según los casos, serán oídas para la ratificación de los demás tratados que afecten a materias cuya regulación sea de su competencia, conforme a los artículos diez y doce.»

«Artículo dieciséis

El Presidente de las Cortes someterá al Jefe del Estado, para su sanción, las leyes aprobadas por las mismas, que deberán ser promulgadas en el plazo de un mes desde su recepción por el Jefe del Estado.»

«Artículo diecisiete

El Jefe del Estado, mediante mensaje motivado y previo dictamen favorable del Consejo del Reino, podrá devolver una ley a las Cortes para nueva deliberación.»

B. Queda derogada la Disposición adicional segunda de la LEY DE CORTES.

Cuarta.
Los artículos tercero, cuarto, quinto, octavo, noveno, once y quince de la LEY DE SUCESIÓN, quedan redactados en la siguiente forma:

«Artículo tercero
Vacante la Jefatura del Estado, asumirá sus poderes un Consejo de Regencia, constituido por el Presidente de las Cortes, el Prelado de mayor jerarquía y antigüedad Consejero del Reino y el Capitán General o, en su defecto, el Teniente General, en activo y de mayor antigüedad de los Ejércitos de Tierra, Mar o Aire y por este mismo orden, o sus respectivos suplentes designados conforme a lo dispuesto en el artículo siguiente. El Presidente de este Consejo será el de las Cortes, y para la validez de los acuerdos se requerirá la presencia, por lo menos, de dos de sus tres componentes y siempre la de su Presidente o, en su defecto, la del Vicepresidente del Consejo del Reino.»

«Artículo cuarto
I. Un Consejo del Reino, que tendrá precedencia sobre los Cuerpos consultivos de la Nación, asistirá al Jefe del Estado en los asuntos y resoluciones trascendentales de su exclusiva competencia. Su Presidente será el de las Cortes, y estará compuesto por los siguientes miembros:

– El Prelado de mayor jerarquía y antigüedad entre los que sean Procuradores en Cortes.

– El Capitán General o, en su defecto, el Teniente General en

activo y de mayor antigüedad de los Ejércitos de Tierra, Mar
o Aire y por este mismo orden.

– El General Jefe del Alto Estado Mayor o, en su defecto, e!
más antiguo de los tres Generales Jefes de Estado Mayor de
Tierra, Mar y Aire.

– El Presidente del Tribunal Supremo de Justicia.

– El Presidente del Consejo de Estado.

– El Presidente del Instituto de España.

– Dos Consejeros elegidos por votación por cada uno de los
siguientes grupos de Procuradores en Cortes:

a) El de Consejeros Nacionales.

b) El de la Organización Sindical.

c) El de Administración Local, y

d) El de representación familiar.

– Un Consejero elegido por votación por cada uno de los
siguientes grupos de Procuradores en Cortes:

a) El de Rectores de Universidad.

b) El de los Colegios profesionales.

II. El cargo de Consejero estará vinculado a la condición por
la que hubiese sido elegido o designado.

III. El Jefe del Estado designará, a propuesta del Consejo del
Reino, entre sus miembros, un Vicepresidente y los suplen-
tes de cada uno de los Consejeros miembros del Consejo de
Regencia.

IV. En los casos de imposibilidad del Presidente o de que va-
que la Presidencia de las Cortes y, en este último caso, hasta
que se provea esta Presidencia, le sustituirá el Vicepresidente
del Consejo del Reino.

V. Los acuerdos, dictámenes y propuestas de resolución del
Consejo del Reino se adoptarán por mayoría de votos entre
los Consejeros presentes, cuyo número no podrá ser inferior
al de la mitad más uno de la totalidad de sus componentes,
excepto cuando las Leyes fundamentales exijan una mayoría
determinada. En caso de empate decidirá el voto del Presidente.»

«Artículo quinto
El Jefe del Estado estará asistido preceptivamente por el Consejo del Reino en los casos en que la presente Ley u otra de
carácter fundamental establezca este requisito.»

«Artículo octavo
I. Ocurrida la muerte o declarada la incapacidad del Jefe
del Estado sin que hubiese designado sucesor, el Consejo de
Regencia asumirá los poderes, salvo el de revocar el nom-

bramiento de alguno de los miembros del propio Consejo, que en todo caso conservarán sus puestos, y convocará, en el plazo de tres días, a los miembros del Gobierno y del Consejo del Reino para que, reunidos en sesión ininterrumpida y secreta, decidan por dos tercios de los presentes, que supongan como mínimo la mayoría absoluta, la persona de estirpe regia que, poseyendo las condiciones exigidas por la presente Ley y habida cuenta de los supremos intereses de la Patria, deban proponer a las Cortes a título de Rey. Si la propuesta no fuese aceptada, el Gobierno y el Consejo del Reino podrán formular, con sujeción al mismo procedimiento, una segunda propuesta en favor de otra persona de estirpe regia que reúna también las condiciones legales.

II. Cuando, a juicio de los reunidos, no existiera persona de la estirpe que posea dichas condiciones, o las propuestas no hubiesen sido aceptadas por las Cortes, propondrán a éstas, con las mismas condiciones, como Regente, la personalidad que por su prestigio, capacidad y posibles asistencias de la Nación, deba ocupar este cargo. Al formular esta propuesta podrán señalar plazo y condición a la duración de la Regencia, y las Cortes deberán resolver sobre cada uno de estos extremos. Si la persona propuesta como Regente no fuese aceptada por las Cortes, el Gobierno y el Consejo del Reino deberán efectuar, con sujeción al mismo procedimiento, nuevas propuestas hasta obtener la aceptación de las Cortes.

III. En los supuestos a que se refieren los párrafos anteriores, de no alcanzarse en primera votación la mayoría de dos tercios, se procederá a segunda y, en su caso, a tercera votación. En esta última, para la validez del acuerdo bastará la mayoría de tres quintos, que habrá de equivaler, por lo menos, a la mayoría absoluta.

IV. El Pleno de las Cortes habrá de celebrarse én el plazo máximo de ocho días a partir de cada propuesta, y el sucesor, obtenido el voto favorable de las mismas, de acuerdo con lo que dispone el artículo quince, prestará el juramento exigido por esta Ley, en cuya virtud y acto seguido, el Consejo de Regencia le transmitirá sus poderes.

V. En tanto no se cumplan las previsiones establecidas en el artículo once de esta Ley, al producirse la vacante en la Jefatura del Estado se procederá a la designación de sucesor de acuerdo con lo dispuesto en el presente artículo.»

«Artículo noveno
Para ejercer la Jefatura del Estado como Rey o Regente se requerirá ser varón y español, haber cumplido la edad de treinta años, profesar la religión católica, poseer las cualidades necesarias para el desempeño de su alta misión y jurar las Leyes fundamentales, así como lealtad a los Principios que informan el Movimiento Nacional. El mismo juramento habrá de prestar el sucesor después de cumplir la edad de treinta años.»

«Artículo once
I. Instaurada la Corona en la persona de un Rey, el orden regular de sucesión será el de primogenitura y representación, con preferencia de la línea .anterior a las posteriores; en la misma línea, del grado más próximo al más remoto; en el

mismo grado, del varón a la hembra, la cual no podrá reinar, pero sí, en su caso, transmitir a sus herederos el derecho, y, dentro del mismo sexo, de la persona de más edad a la de menos; todo ello sin perjuicio de las excepciones y requisitos preceptuados en los artículos anteriores.

II. En el caso de que el heredero de la Corona, según el orden establecido en el párrafo anterior, no alcanzase la edad de treinta años en el momento de vacar el trono, ejercerá sus funciones públicas un Regente designado de acuerdo con el artículo octavo de esta Ley, hasta que aquél cumpla la edad legal.

III. La misma norma se aplicará si por incapacidad del Rey, apreciada en la forma prevista en el artículo catorce de esta Ley, las Cortes declarasen la apertura de la Regencia y el heredero no hubiera cumplido los treinta años.

IV. En los supuestos de los dos párrafos anteriores, la Regencia cesará en cuanto cese o desaparezca la causa que la haya motivado.»

«Artículo quince
I. Para la validez de los acuerdos de las Cortes a que esta Ley se refiere, será preciso el voto favorable de los dos tercios de los Procuradores presentes, que habrá de equivaler, por lo menos, a la mayoría absoluta del total de Procuradores.

II. Sin embargo, en los supuestos a que se refieren los artículos sexto y octavo de la presente Ley, de no alcanzarse en primera votación la mayoría de dos tercios, se procederá a

segunda y, en su caso, a tercera votación. En esta última, para
la validez del acuerdo bastará la mayoría de tres quintos, que
habrá de equivaler, por lo menos, a la mayoría absoluta.»

Disposiciones transitorias

Primera

I. Cuando se cumplan las previsiones de la Ley de Sucesión, la persona llamada a ejercer la Jefatura del Estado, a título de Rey o de Regente, asumirá las funciones y deberes señalados al Jefe del Estado en la presente Ley.

II. Las atribuciones concedidas al Jefe del Estado por las Leyes de treinta de enero de mil novecientos treinta y ocho y de ocho de agosto de mil novecientos treinta y nueve, así como las prerrogativas que le otorgan los artículos sexto y trece de la Ley de Sucesión, subsistirán y mantendrán su vigencia hasta que se produzca el supuesto a que se refiere el párrafo anterior.

III. La Jefatura Nacional del Movimiento corresponde con carácter vitalicio a Francisco Franco, Caudillo de España. Al cumplirse las previsiones sucesorias, pasará al Jefe del Estado y, por delegación de éste, al Presidente del Gobierno.

Segunda

Al constituirse la próxima legislatura de las Cortes entrarán en vigor las modificaciones introducidas por la disposición adicional tercera de la presente Ley en los artículos segundo, sexto y párrafo cinco del séptimo de la Ley de Cortes, y seguidamente las operadas en el Consejo del Reino según la nueva redacción del artículo cuarto de la Ley de Sucesión en la Jefatura del Estado establecida en la disposición adicional cuarta.

Tercera

Con las salvedades previstas en la precedente disposición transitoria, la presente Ley entrará en vigor el día siguiente al de su promulgación.

Cuarta

En el plazo de cuatro meses a contar desde la promulgación de la presente Ley, se publicarán los textos refundidos de las Leyes fundamentales, en los que se recogerán las modificaciones a que se hace referencia en las disposiciones adicionales de la presente Ley, previo dictamen del Consejo del Reino y deliberación del Consejo de Ministros.

Quinta

El Gobierno, en el plazo más breve posible, presentará a las Cortes los proyectos de ley y dictará las disposiciones conducentes a la debida ejecución de la presente Ley.

Disposiciones finales

Primera

A partir de las fechas de entrada en vigor de esta Ley, quedarán derogadas cuantas disposiciones se opongan a lo establecido en la misma.

Segunda

La presente Ley tiene el carácter de Ley fundamental definido en el artículo diez de la Ley de Sucesión en la Jefatura del Estado.

Dada en El Pardo a diez de enero de mil novecientos sesenta y siete.

FRANCISCO FRANCO

Libros a la carta

A la carta es un servicio especializado para
empresas,
librerías,
bibliotecas,
editoriales
y centros de enseñanza;
y permite confeccionar libros que, por su formato y concepción, sirven a los propósitos más específicos de estas instituciones.

Las empresas nos encargan ediciones personalizadas para marketing editorial o para regalos institucionales. Y los interesados solicitan, a título personal, ediciones antiguas, o no disponibles en el mercado; y las acompañan con notas y comentarios críticos.

Las ediciones tienen como apoyo un libro de estilo con todo tipo de referencias sobre los criterios de tratamiento tipográfico aplicados a nuestros libros que puede ser consultado en Linkgua-ediciones.com.

Linkgua edita por encargo diferentes versiones de una misma obra con distintos tratamientos ortotipográficos (actualizaciones de carácter divulgativo de un clásico, o versiones estrictamente fieles a la edición original de referencia).

Este servicio de ediciones a la carta le permitirá, si usted se dedica a la enseñanza, tener una forma de hacer pública su interpretación de un texto y, sobre una versión digitalizada «base», usted podrá introducir interpretaciones del texto fuente. Es un tópico que los profesores denuncien en clase los desmanes de una edición, o vayan comentando errores de interpretación de un texto y esta es una solución útil a esa necesidad del mundo académico.

Asimismo publicamos de manera sistemática, en un mismo catálogo, tesis doctorales y actas de congresos académicos, que son distribuidas a través de nuestra Web.

El servicio de «libros a la carta» funciona de dos formas.

1. Tenemos un fondo de libros digitalizados que usted puede personalizar en tiradas de al menos cinco ejemplares. Estas personalizaciones pueden ser de todo tipo: añadir notas de clase para uso de un grupo de estudiantes, introducir logos corporativos para uso con fines de marketing empresarial, etc. etc.